HENRY FORD

El automóvil al alcance de todos

Por Véronique Van Driessche
Traducido por Elena Muñoz Galvez

Historia en50MINUTOS.es

HENRY FORD

- **¿Nacimiento?** El 30 de julio de 1863, en Greenfield Township (Estados Unidos).
- **¿Muerte?** El 7 de abril de 1947, en Fair Lane (Estados Unidos).
- **¿Principales invenciones?**
  - El Ford T, el coche universal.
  - La línea de ensamblaje en movimiento.
  - El fordismo, un método de racionalización de la producción.
- **¿Repercusiones de sus invenciones?**
  - La movilidad al alcance de todos.
  - El desarrollo de la producción en masa.
  - La aparición de una nueva clase social como consecuencia del aumento salarial de los obreros.
  - El comienzo del consumo masivo.

Aunque Henry Ford no inventara el coche de gasolina y, en este comienzo del siglo XX, estuviera lejos de ser el único fabricante de automóviles, su mérito reside en haber entendido que este invento cambiaría el mundo. En esta época, poseer un automóvil es un lujo reservado a unos pocos privilegiados. Ford sueña con democratizarlo para que todas las familias puedan tener uno.

El 1 de octubre de 1908, el modelo T, un pequeño coche fabricado por la Ford Motor Company, ve la luz en la fábrica de Piquette Avenue, en Detroit (Michigan). El Ford T es un coche sencillo, sólido y, sobre todo, asequible; tiene tal éxito que, entre 1908 y 1927, se venden más de 15 millones de ejemplares.

Para alcanzar este resultado, Henry Ford revoluciona el proceso de producción automovilística mediante la introducción de la división del trabajo —cada obrero tiene asignada una sola tarea muy precisa— y la línea de ensamblaje en movimiento —el producto fabricado avanza automáticamente de un puesto de trabajo a otro, con lo que los obreros no tienen que desplazarse—. Consigue así reducir el precio de venta e incluso duplicar el salario de sus obreros, sin por ello alterar la calidad del producto. Con posterioridad, el principio de la línea de ensamblaje se aplicará ampliamente en toda la industria y contribuirá al desarrollo de la producción en masa y del consumo masivo que caracterizan la sociedad del siglo XX.

CONTEXTO

LAS REVOLUCIONES INDUSTRIALES: EL CAMINO DEL PROGRESO

Desde el siglo XIX, los países occidentales se encuentran en el camino del progreso. Las numerosas innovaciones tecnológicas y el descubrimiento de nuevas fuentes de energía alimentan la industrialización y el crecimiento económico, que van de la mano. Frente a una sociedad hasta entonces mayoritariamente agrícola, el cambio producido es tan radical que suele hablarse de revolución(es) industrial(es).

La primera de ellas se origina en el Reino Unido durante la segunda mitad del siglo XVIII. Esta revolución surge gracias al auge de la metalurgia y de la industria textil, a la invención de la máquina de vapor y a la explotación de las minas de carbón. En Europa, y después en el mundo entero, se desarrolla la producción a gran escala, en fábricas especializadas, tras siglos de producción artesanal. En 1873 se interrumpe brevemente este impulso a causa del crac bursátil de Viena, pero el crecimiento se reanuda a partir de 1880. Esta segunda revolución industrial tiene como base las innovaciones aportadas por el uso de la electricidad, el gas y el petróleo, y por la industria química.

Así, se crean numerosas empresas para explotar las posibilidades de los nuevos sectores (electricidad, automóvil, etc.), y el número de inversores que aportan el capital necesario aumenta considerablemente. La demanda no deja de crecer gracias al enriquecimiento de los países más industrializados y a la expansión de los mercados a nivel mundial. Se venera la tecnología, que ha aportado la luz, el motor de gasolina, el teléfono e incluso el cinematógrafo. Pero de nuevo, en 1929, el comienzo de una crisis económica de alcance mundial frena el optimismo y la creatividad.

LA INVENCIÓN DEL AUTOMÓVIL

Todas las revoluciones industriales han provocado un cambio en los medios de transporte: tras el milagro del ferrocarril en el siglo XIX, la segunda revolución industrial abre la puerta a la era del automóvil. Pero para ello se necesitaron tiempo y más de un inventor: se estima que, para llegar a los modelos de automóvil que conocemos hoy en día, hicieron falta más de 10 000 patentes.

De la máquina de vapor al motor de combustión

Se suele considerar al *fardier* del ingeniero militar francés Joseph Cugnot (1725-1804) como el primer vehículo automóvil, es decir, capaz de desplazarse por sí mismo sin necesidad de tracción animal. El *fardier*, que se presentó al público el 23 de octubre de 1769, es un enorme carro con tres ruedas que funciona con vapor. Puede alcanzar la velocidad de 4 kilómetros/hora y tiene una autonomía de 15 minutos. En un principio se destina a transportar cañones para el ejército y, con posterioridad, se adapta para acoger cuatro pasajeros.

El *fardier* de Cugnot, dibujo de Louis Figuier.

COMO ANÉCDOTA

El *fardier*, que carece de frenos y de dirección, choca contra una pared durante una demostración, provocando así el primer accidente automovilístico.

Durante los años 1820-1840, se construyen en el Reino Unido algunas diligencias a vapor y, posteriormente, en los años 1870-1880, también en Francia y en los Estados Unidos. Sin embargo, los motores de vapor son pesados y tienen poco rendimiento y un arranque lento, lo que los hace poco convenientes para los vehículos automóviles. Se llega así a un modelo más ligero y eficaz: el motor de combustión interna, o motor de explosión —aunque el gas no explota sino que se quema rápidamente—. Este motor lleva un pistón en un cilindro, según un procedimiento idéntico al motor de vapor. El principio de la combustión interna —en lugar de externa al motor— permite evitar pérdidas de calor y mejorar así el rendimiento del motor.

El primer motor de combustión interna, construido en 1860 por el francés de origen belga Étienne Lenoir (1822-1900), es un motor de dos tiempos que funciona con gas de alumbrado. Para que este motor funcione con gasolina, hace falta esperar a la década de 1870, cuando el estadounidense George Brayton (1830-1892) inventa el carburador, que produce una mezcla eficaz de aire y de combustible denominada gas de aire.

Hacia el motor de gasolina moderno

En 1862, el ingeniero francés Alphonse Eugène Beau (1815-1893), conocido como Beau de Rochas, define los principios del motor de cuatro tiempos (admisión, compresión, combustión y escape), que ofrece un mejor rendimiento. El ingeniero alemán Nikolaus Otto (1832-1891) aprovecha esta idea y presenta, en 1876, el primer motor de combustión interna de cuatro tiempos. Aunque todavía funciona con gas, se encuentra en el origen de la mayor parte de los motores de combustión interna posteriores y se utilizará en muchas fábricas y centrales eléctricas.

Algunos años después, en 1885, el ingeniero alemán Karl Benz (1844-1929) diseña y fabrica el primer automóvil con el motor de cuatro tiempos de Otto, ahora ya de gasolina, que patenta el 29 de enero de 1886. Este coche de tres ruedas, provisto de una caja de cambios y de un diferencial, llegaba a alcanzar los 12 kilómetros/hora. Se venden dos unidades y, por esta razón, Benz es considerado como el fundador de la industria automovilística.

Coche de Karl Benz de 1886.

También en 1885, otro ingeniero alemán, Gottlieb Daimler (1834-1900), ayudado por su compañero Wilhelm Maybach (1846-1929), mejora el motor de Otto y patenta lo que se considera como el prototipo del motor de gasolina moderno. Este motor de combustión interna, pequeño, ligero y rápido, es el primero verdaderamente eficaz. El 8 de marzo de 1886,

Daimler instala este motor en una diligencia, en lo que es el primer automóvil de cuatro ruedas, y, en 1890, funda la compañía Daimler Motoren-Gesellschaft para fabricar sus motores. Maybach, por su parte, diseña el primer Mercedes once años después.

Finalmente, en 1889, los franceses René Panhard (1841-1908) y Émile Levassor (1843-1897) colocan el motor de Daimler en un coche de cuatro plazas y lo comercializan a partir de 1891. Desde entonces, y por un tiempo, Francia lidera la industria de fabricación de automóviles: el 48 % de los coches producidos en el ámbito mundial en 1903 salen de este país. Sin embargo, es en los Estados Unidos donde este fenómeno tiene su mayor alcance, gracias a Henry Ford.

BIOGRAFÍA

LA PASIÓN POR LA MECÁNICA

Henry Ford, el mayor de seis hermanos, nace el 30 de julio de 1863 en la granja de sus padres en Dearborn, cerca de la ciudad de Detroit (Michigan). Sus abuelos paternos, originarios de Cork (Irlanda), habían llegado a los Estados Unidos en 1847.

Al joven Henry no le gusta ni el colegio ni el trabajo en la granja. Por el contrario, posee un gran talento para la mecánica y un marcado gusto por el autoaprendizaje. Sus juguetes preferidos son herramientas y trozos de máquinas que le gusta reparar. Con 12 años recibe un reloj y, para entender su mecanismo, lo desmonta y lo vuelve a montar. Con la práctica, consigue reparar cualquier reloj y prueba incluso a fabricarlos. Un año después, ve por primera vez un vehículo automóvil de vapor. Este artefacto le impresiona tanto que, desde entonces, no deja de pensar en el transporte automovilístico y realiza maquetas cada vez más precisas. Con 15 años es capaz de montar y de reparar una máquina de vapor.

En 1879, Ford deja el colegio y abandona la granja familiar. Trabaja brevemente en la Michigan Car Company, una fábrica de coches sobre raíles, y como aprendiz de maquinista en la James Flower and Brothers Machine Shop, donde se fabrican piezas de mecánica. Finalmente, se incorpora a la Detroit Dry Dock Engine Works, otro taller mecánico. Por la noche repara relojes en una joyería para pagar el alquiler y su tiempo libre lo dedica a experimentar con la mecánica.

LA VUELTA A LA GRANJA Y EL PARÉNTESIS «ELÉCTRICO»

Entre 1882 y 1891, vuelve a la granja de sus padres, aunque no pierde ninguna ocasión de manipular máquinas de motor. Durante varios veranos seguidos, se incorpora a la Westinghouse Company. Allí se encarga de la demostración y la reparación de la maquinaria automóvil a vapor, destinada a remolcar cargas pesadas o a accionar trilladoras. Por su 21 cumpleaños, su padre le ofrece un terreno de 40 áreas y Ford acepta, provisionalmente, quedarse en la explotación. En 1885, durante una velada con baile, conoce a Clara Bryant (1866-1950), hija de un granjero local. Se casan el 13 de abril de 1888 y de su unión nace un hijo, Edsel (1893-1943). Para cubrir las necesidades de su familia, Ford tala la madera de su terreno y la vende como leña; además, instala un aserradero y ofrece sus servicios en la región.

Sin embargo, en cuanto le es posible, sigue con su trabajo mecánico en el taller que se ha acondicionado. Todavía sueña con fabricar un vehículo automóvil, aunque ha comprendido que, para ello, no puede contar con el vapor. En 1885, le confían la reparación de un motor Otto de gas y, dos años más tarde, para asegurarse de que ha comprendido bien el mecanismo, fabrica uno él mismo. Posteriormente, en 1890, se entrega a la fabricación de un motor de gasolina.

En septiembre de 1891, Ford consigue un empleo de ingeniero y de maquinista en la Edison Illuminating Company de Detroit, ciudad en la que se instala junto con su mujer. Su ascenso a ingeniero jefe, en 1893, le proporciona por fin los medios y el tiempo para dedicarse a trabajar, con sus amigos, en su motor de gasolina. Ese mismo año, la víspera de Navidad, consigue que gire sobre el fregadero de la cocina. En junio de 1896 termina su coche y lo llama cuadriciclo — va montado sobre cuatro ruedas de bicicleta—. En esa época es el único vehículo que circula por Detroit. Henry Ford lo vende para fabricar un segundo, más ligero, que termina en 1898. Al año siguiente, deja la compañía Edison para incorporarse a la industria automovilística.

Ford en su primer coche, foto tomada en 1896.

Henry Ford y Thomas Edison

Henry Ford y Thomas Edison (1847-1931) se conocen

en 1896, durante un congreso sobre electricidad en Atlantic City. Ford le habla de su coche de gasolina, y Edison le anima a perseverar en sus experimentos y le predice un gran futuro. Con posterioridad, ambos llegan a ser buenos amigos.

PRIMEROS PASOS EN LA INDUSTRIA AUTOMOVILÍSTICA

La Detroit Automobile Company, primera empresa automovilística de Detroit, se crea el 5 de agosto de 1899 para comercializar los vehículos de motor de Ford, que es nombrado ingeniero jefe. Los inversores buscan el beneficio a corto plazo, por lo que coches se fabrican lo más rápido posible. Estos coches resultan ser demasiado caros y de mala calidad, así que, en enero de 1901, la empresa se disuelve.

Para darse a conocer, Ford participa en carreras automovilísticas. Junto con sus amigos, construye un coche potente con el que gana, el 10 de octubre de 1901, una carrera de 10 millas contra el campeón local. Con esta victoria consigue recuperar la confianza de los inversores, y el 30 de noviembre de 1901 se agrupan en torno a una nueva empresa, la Henry Ford Company, de la que Ford es de nuevo el ingeniero jefe. Sin embargo, el problema persiste: los inversores no tienen el mismo objetivo que él y, el 10 de marzo de 1902, Ford abandona la sociedad, que pasa a llamarse Cadillac Company.

A continuación, Ford se asocia con un campeón local de

ciclismo, Tom Cooper (1874-1906), y fabrica dos coches de carreras de 80 caballos, el 999 y el Arrow. Su potencia es tal que no se atreven a conducirlos. Para ponerse al volante recurren a Barney Oldfield (1878-1946), un ciclista de velocidad aficionado. El 25 de octubre de 1902, el 999 gana la Manufacturer's Challenge Cup y Oldfield prosigue su carrera como piloto automovilístico.

Foto del modelo 999, con Barney Oldfield al volante y Henry Ford a su lado, 1902.

LA HAZAÑA DE LA FORD MOTOR COMPANY

En noviembre de 1902, la Ford Motor Company da sus primeros pasos y, el 16 de junio de 1903, se crea oficialmente. Su objetivo principal es el de concebir un automóvil ligero y asequible. En sus comienzos, Ford es al mismo tiempo el vicepresidente y el ingeniero jefe, y 12 inversores se reparten 510 acciones con un capital de 28 000 dólares. En julio de

1903, se entregan los primeros coches y, al año siguiente, la Ford Motor Company es reconocida como una empresa floreciente. Este hecho marca el comienzo de un extraordinario ascenso, cuyos principales hitos serán la salida del modelo T en 1908 y la instalación de la primera línea de ensamblaje en movimiento en 1913.

Foto de la primera línea de ensamblaje Ford, 1913.

Desde 1906, Ford es ya el presidente y accionista mayoritario de la empresa y, en 1919, se convierte en el único propietario al comprar, por más de 100 millones de dólares, todas las acciones. Su hijo Edsel es, oficialmente, el presidente. Ford se jubila, pero, en la práctica, sigue dirigiendo la empresa.

En 1922, la mitad de los coches estadounidenses son un Ford T, modelo que se vende por menos de 300 dólares la unidad. Con el paso del tiempo, los productos de la marca se diversifican. El tractor Fordson sale a la venta en octubre de 1917 y, en los años veinte, representa el 75 % de los tractores vendidos en los Estados Unidos. Además, en el año 1925, se lanza una rama aeronáutica, con la creación de un avión Ford trimotor y la apertura de aeropuertos y hoteles, aunque tras la crisis bursátil de 1929 se pone fin a esta aventura. También cabe destacar que, durante las dos guerras mundiales, las fábricas Ford se ponen al servicio del ejército estadounidense, para quien fabrican navíos, bombarderos, *jeeps*, motores de avión y carros de combate.

En 1927, las ventas del Ford T disminuyen, al tiempo que crece la popularidad de otras marcas de coches: es tiempo de innovar y de dar a luz un nuevo modelo. En diciembre, sale a la venta el Ford A, que será competitivo durante cuatro años. En 1932, Ford anuncia la comercialización de un nuevo motor de ocho cilindros (V8), ligero y asequible. Sin embargo, esto no impide que la Ford Motor Company se vea sobrepasada en el mercado estadounidense por General Motors y Chrysler.

DIVERSIFICACIÓN DE ACTIVIDADES

Contrariamente a lo que se pueda creer, la act vidad de Henry Ford no se limita a la industria automovilística. Entre otras cosas, defiende la causa de los pájaros (1913), a los que le gusta observar desde su propiedad de Fair Lane en Dearborn, colecciona y restaura objetos relacionados con la industrialización de los Estados Unidos (a partir de 1913), construye un hospital (1915), navega hasta Noruega con pacifistas para intentar poner fin a la Primera Guerra Mundial

(1915), abre escuelas (1916 y 1929), se presenta como senador (1918), crea «villages industries» —pequeñas fábricas en el campo donde se pueden fabricar coches una parte del año mientras se sigue trabajando en la granja el resto del tiempo (1920)—, e incluso organiza campamentos de aprendizaje para los niños desfavorecidos o huérfanos de guerra (1938). También, crea la Fundación Ford en 1936, que se convertirá en una de las organizaciones filantrópicas más grandes en el ámbito mundial.

Por otro lado, Henry Ford revela, durante el periodo de entreguerras, un aspecto muy controvertido de su personalidad. Antisemita convencido, se suma a la corriente que denuncia una conspiración judía para dominar el mundo. Entre 1920 y 1927, publica varios artículos en el *Dearborn Independant*, un periódico local que había comprado en 1918. Ford reúne estos artículos en una obra con varios volúmenes, *El judío internacional* (1920-1922), de la que se dice que tuvo una influencia considerable en Alemania y fue una de las principales fuentes de las ideas de Hitler (1889-1945). De hecho, en mayo de 1938, es condecorado con la Gran Cruz de la Orden del Águila Alemana, la más alta condecoración nazi otorgada a un extranjero, signo de la admiración que suscitan sus opiniones en Alemania. Algunos incluso dicen que Ford habría apoyado financieramente al partido de Hitler, aunque no existe ninguna prueba al respecto.

En 1943 fallece su hijo y Henry Ford, pese a un debilitado estado de salud y tras haber sufrido ya dos derrames cerebrales, retoma la presidencia de la empresa. Al final, en 1945, y tras sufrir un tercer derrame, deja que su nieto Henry II tome el relevo. El inventor fallece de una hemorragia cerebral dos años más tarde, el 7 de abril de 1947, en su casa de Fair Lane, a la edad de 83 años.

HACIA EL COCHE UNIVERSAL AL ALCANCE DE TODOS

Desde la primera vez que ve un vehículo automóvil de motor, Henry Ford solo piensa en que este invento tiene que ser democratizado. Al incorporarse al mundo de la industria automovilística, su único objetivo es construir un coche universal: sencillo, fácil de conducir y de mantener, ligero pero de excelente calidad, y todo ello a un precio asequible.

CINCO AÑOS DE EXPERIMENTOS

En el momento de su fundación, la Ford Motor Company cuenta con siete obreros que trabajan diez horas al día en un taller alquilado en Mack Avenue, Detroit. En su calidad de ingeniero, Ford concibe y repara las máquinas de la fábrica, diseña proyectos de automóviles y de motores, y patenta sus inventos.

Durante el primer año (1903-1904), la empresa fabrica el Ford A, un coche pequeño de dos cilindros cuyo modelo básico cuesta 850 dólares y del que se venden 1708 unidades. Aunque su precio todavía es elevado, gusta porque es sólido, sencillo y funcional.

Ford A de 1903.

Durante el segundo año (1904-1905), se ponen en circulación tres modelos: el Ford B, un vehículo de pasajeros ⊠de cuatro o más plazas⊠ con cuatro cilindros y cuyo precio de venta es de 2000 dólares; el Ford C, un modelo A mejorado, vendido por 900 dólares; y el Ford F, otro vehículo de pasajeros, con un precio de venta de 1000 dólares. Este año, se venden 1695 vehículos. En diciembre de 1904, la producción se traslada a una nueva fábrica más grande en Piquette Avenue.

Durante el tercer año (1905-1906), se siguen produciendo los Ford B y F, pero las ventas tocan techo con 1599 unidades. En 1906-1907, Ford abandona los coches grandes y fabrica el modelo N, un pequeño vehículo automóvil que cuesta entre 600 y 750 dólares. Se convierte en un éxito de ventas: en solo un año se venden 8453 unidades. En 1907-1908 se saca de nuevo al mercado junto con el modelo K, un coche grande de seis cilindros cuyo precio se eleva a 2800 dólares. En total, se venden 6398 coches. De aquí en adelante, la empresa prospera y los automóviles Ford comienzan a difundirse por Europa.

Foto de una pareja en un Ford N, tomada en 1906 por William Creswell.

EL LANZAMIENTO DEL FORD T

En agosto de 1908, Henry Ford anuncia, por fin, la fabricación del coche con el que soñaba: el famoso modelo T, un vehículo sencillo que responde a las necesidades de la mayoría, sale a la venta en octubre. Se trata del primer coche producido en serie, es decir, que un mismo chasis sirve para fabricar coches de pasajeros, pequeños vehículos automóviles y cupés, con un precio de venta a partir de 825 dólares. Este año se fabrican también otros dos modelos, pero son superados ampliamente por el Ford T, que pasará a ser el único modelo fabricado. A partir de 1914, el Ford T solo está disponible en negro, el color más barato y que más rápido se seca. La estandarización se lleva al extremo, así que, para estimular el mercado, aparecen con regularidad nuevas versiones del Ford T.

Henry Ford posa junto al Ford T, 1921.

Al principio, el Ford T se produce en la fábrica de Piquette

Avenue, de la que salen 18 000 coches en 1909. Pero se queda pequeña para responder a una demanda que no deja de aumentar. Así que, el 1 de enero de 1910, la producción se traslada a la fábrica de Highland Park, situada al norte de Detroit. En 1911, se fabrican allí 70 000 modelos T y, el año siguiente, más de 170 000.

LA RACIONALIZACIÓN DE LA PRODUCCIÓN

Henry Ford y sus ingenieros se esfuerzan sin cesar en aumentar la productividad de sus fábricas para dar respuesta a la creciente demanda y reducir el precio de los coches, al tiempo que se cubren los costes de los mecánicos y se mantiene la misma calidad.

Por una parte, se mecaniza al máximo la construcción de las piezas necesarias para los vehículos. Se inventan nuevas máquinas para fabricarlas y se diseñan piezas lo más sencillas posibles, estandarizadas e intercambiables, con el fin de poder producir en serie. Por otra parte, se mocifican en numerosas ocasiones los métodos de ensamblaje de los automóviles para mejorar el rendimiento del trabajo. En concreto, Ford aplica las teorías de Frederick Winslow Taylor (1856-1915), quien, a principios del siglo XX, había definido un método de organización científico del trabajo, conocido como taylorismo. La idea es descomponer el proceso de ensamblaje en una serie de operaciones elementales, y confiar cada una de estas tareas a un obrero especializado, que no tendrá que perder tiempo en pasar de una operación a otra. Además, cada tarea tiene que ser sencilla, eficaz y no necesitar reflexión alguna. Ford organiza de esta forma en una cadena de producción las diferentes operaciones; se estudian los tiempos, las cadencias, la disposición de los obreros e incluso de las máquinas desde una óptica de eficacia y de ganancia de tiempo.

LA LÍNEA DE ENSAMBLAJE EN MOVIMIENTO

Al principio, los obreros ensamblaban los coches uno por uno, en un solo lugar al que se llevaban progresivamente las piezas, el chasis y finalmente el techo. Pero esta manera de proceder ocasionaba muchos desplazamientos improductivos. Así, el deseo de Ford es invertir este orden, llevando el trabajo a donde se encuentran los trabajadores.

Cuando se fabrica el Ford N, los obreros ordenan sobre el suelo las piezas a ensamblar, y el coche, situado sobre unos patines y tirado por unas cuerdas, avanza de una estación de trabajo a otra. Aunque constituye un avance, este método no es todavía lo suficientemente rápido. Ford se inspira entonces en las técnicas utilizadas para el corte y el embalaje de la carne en los mataderos de Chicago y de Cincinnati, en los que el producto avanza de un obrero a otro gracias a un rail. Así, en 1913, instala y perfecciona la primera línea de ensamblaje en movimiento para automóviles. En adelante, los obreros ocupan un puesto fijo delante de una cinta transportadora y, sobre ella, avanzan de forma automática las piezas o los coches en proceso de montaje a una velocidad calculada para optimizar el rendimiento. Gracias a este proceso revolucionario, se reduce a un cuarto el tiempo de ensamblaje de un automóvil, lo que permite disminuir progresivamente el precio del Ford T de 825 a 260 dólares (en 1927).

Obreros trabajando en la primera línea de ensamblaje en movimiento de Ford en 1913.

A partir de este momento, la producción en masa de automóviles arranca de verdad. En 1913, más de 200 000 Ford T salen al mercado, en 1924 más de 300 000 y, en 1915, más de 500 000.

EL «HADA DE LA ELECTRICIDAD»

Toda esta organización hubiera sido imposible sin el «hada de la electricidad» y, sobre todo, sin los motores eléctricos, que comienzan a desarrollarse a finales del siglo XIX. Las primeras fábricas funcionan gracias a una máquina de vapor central, que pone en movimiento los diferentes mecanismos con la ayuda de sistemas de correas y de ejes de transmisión. En esta época es imposible imaginar largas líneas de ensamblaje. En 1905, el 95 % de la maquinaria utilizada en las fábricas depende todavía de un motor de vapor. Los ingenieros de Ford consiguen hacer avanzar las largas cintas transportadoras de la cadena de montaje gracias a pequeños motores eléctricos. Ya en los años 20, estos motores alimentan la mitad de la maquinaria empleada en las fábricas estadounidenses.

CINCO DÓLARES POR JORNADA DE TRABAJO

No obstante, el trabajo en la cadena presenta una gran desventaja: los obreros, pronto desanimados por el aspecto repetitivo y monótono de su trabajo, deciden marcharse. Ford tiene que contratar 53 000 trabajadores de media al año para conseguir mantener un equipo de 14 000 efectivos.

Para atajar este problema, Ford decide, el 12 de enero de 1914, duplicar el salario mínimo, que pasa a ser de cinco dólares al día —seis dólares en 1919 y siete en 1929—, e implanta la jornada laboral de ocho horas. Esta innovación, que parece arriesgada, le permite estabilizar su mano de obra e incluso atraer a los mejores trabajadores. También elimina los problemas financieros de sus obreros —hasta este momento, los salarios solo cubrían las necesidades estrictamente básicas—. Ford consigue así aumentar la productividad de sus obreros, que ahora pueden dedicar toda su atención y energía al trabajo. Contra todo pronóstico, Ford logra de esta manera disminuir los costes de producción.

LA FÁBRICA FORD

El inmenso complejo de River Rouge, en Dearborn, levantado entre 1917 y 1928, aloja poco a poco todas las etapas de fabricación de los vehículos, desde la transformación de las materias primas (metal, vidrio, caucho, etc.) hasta el ensamblaje final. Esta fábrica, que durante un tiempo fue la más grande del mundo, es un reflejo de lo que para Henry Ford significa la racionalización de la producción.

REPERCUSIONES

Ford no inventó el automóvil ni la línea de ensamblaje, pero, al perfeccionar ambas cosas, sienta las bases de la industria del siglo XX. Sus innovaciones tienen un impacto considerable en la sociedad y podría decirse incluso que Ford se encuentra en el origen de nuestro modo de vida actual.

UN NUEVO MODO DE VIDA

Al diseñar el Ford T, un coche accesible a todos, y producirlo en grandes cantidades, Henry Ford pone sobre cuatro ruedas a todos los estadounidenses. Entre 1908 y 1927, se fabrican 15 millones de unidades; en esta época, uno de cada dos coches estadounidenses es un Ford T. En menos de dos décadas, este modelo aumenta considerablemente la movilidad de la población del país y, de esta forma, cambia por completo su modo de vida. En el medio rural, supone una verdadera revolución: las granjas se abren a la mecanización y salen de su aislamiento; el Ford T no solo lleva a la familia de la granja a la ciudad, sino que le permite también transportar sus productos hasta los mercados. Más adelante, los tractores facilitan y aceleran el trabajo en el campo. De la misma forma, el Ford T permite a los médicos, transportistas y pequeños empresarios entregar sus productos y realizar sus servicios de forma mucho más rápida.

El Ford T, y el automóvil en general, modifican profundamente no solo los hábitos de vida, sino también el paisaje. El aumento del número de coches en circulación conlleva el desarrollo de nuevas infraestructuras: gasolineras, aparcamientos, mejores carreteras y nuevas autovías. Y nuevos restaurantes, moteles y atracciones turísticas surgen al calor del creciente número de viajeros.

UN MÉTODO DE PRODUCCIÓN REVOLUCIONARIO

Henry Ford se encuentra en el origen de la producción en serie, o producción en masa, gracias a su método de racionalización de la producción, conocido como fordismo. Este procedimiento se extiende con rapidez por toda la industria y se convierte en el modo de producción característico del siglo XX; se utiliza para todo, desde la fabricación de fonógrafos hasta la producción de hamburguesas. Además, contribuye de forma indirecta a la victoria de los Aliados en la Segunda Guerra Mundial, al permitir la fabricación de grandes cantidades de material militar a una velocidad que ni Alemania ni Japón pueden igualar: casi se puede decir que los navíos estadounidenses se fabrican con más rapidez de lo que tardan en hundirse.

Para los trabajadores, sin embargo, el panorama es menos positivo. El trabajo en la cadena no requiere ninguna cualificación y es posible formar a un obrero en la tarea que tiene que realizar en tan solo unos pocos minutos. Esta situación puede verse en la película de Charlie Chaplin (1889-1977), *Tiempos modernos*, estrenada en 1936. Con la pérdida de cualificación del trabajo obrero, el trabajador ya no adquiere ninguna competencia que le pueda servir el resto de su vida, sino que tan solo aprende a realizar tareas muy concretas, en función del lugar que ocupa en la cadena de producción.

No obstante, las fábricas Ford consiguen así ofrecer empleo tanto a muchos inmigrantes analfabetos como a la abundante mano de obra no cualificada procedente del éxodo rural.

EL COMIENZO DEL CONSUMO MASIVO

Al duplicar el salario de sus obreros —práctica que se extiende por toda la industria manufacturera—, Ford contribuye a la emergencia de una nueva clase social media que vive en la ciudad y que dispone de unos ingresos holgados. De ahora en adelante, los obreros tienen la posibilidad de adquirir el coche que fabrican. Además, con la introducción de la jornada de ocho horas, los trabajadores tienen más tiempo libre para gastar su dinero.

La producción en masa reduce los precios de venta, y el incremento de los salarios aumenta el poder adquisitivo.

Así, primero en los Estados Unidos y después en el resto del mundo, da comienzo la era del consumo masivo, un fenómeno que va de la mano del desarrollo de servicios comerciales y de la publicidad. En otras palabras, la producción en masa genera consumo masivo y viceversa: es lo que los economistas llaman círculo virtuoso del crecimiento fordista.

EN RESUMEN

- La carrera hacia el vehículo automóvil autopropulsado, o simplemente automóvil, comienza con la invención del *fardier* de Cugnot, un carro grande de vapor, en el siglo XVIII. Durante la segunda mitad del siglo XIX, el motor de combustión interna sustituye al motor de vapor, pesado y de bajo rendimiento. Este nuevo motor funciona en un principio con gas de alumbrado y posteriormente con gasolina. Además, un ciclo de cuatro tiempos, más eficaz, reemplaza al ciclo de dos tiempos. Durante un tiempo, Francia lidera la fabricación de automóviles, pero es en los Estados Unidos donde este fenómeno tiene su mayor alcance, gracias a Henry Ford.

- Ford nace en 1863, en el medio rural y en una época en la que el vapor no tiene competidores. La mecánica le apasiona y, en concreto, se interesa por los vehículos automóviles que comienzan a aparecer. Tras pasar por distintos talleres de Detroit, trabaja durante nueve años en la Edison Illuminating Company como ingeniero y maquinista. Ford consagra todo su tiempo libre a trabajar en un vehículo que funcione con gasolina.

- En 1899, abandona la empresa eléctrica y se incorpora a la automovilística. Con apoyos financieros, y tras dos intentos infructuosos, funda la Ford Motor Company, que le permite hacer realidad su sueño: fabricar un coche accesible a todos. En 1908, tras cinco años de experimentos, saca al mercado el Ford T, un coche sencillo y sólido, que mantiene su éxito durante 19 años.

- Para conseguir que el Ford T sea accesible a todas las

familias, se esfuerza por mejorar la productividad de sus fábricas y, así, disminuir de forma regular el precio de venta de este modelo. Para acortar los tiempos de fabricación, instaura la racionalización de la producción: introduce el trabajo en cadena para el ensamblaje de los coches y, en 1913, instala la primera línea de producción en movimiento que funciona con motores eléctricos. En adelante, el coche que se está ensamblando avanza de forma automática de una estación de trabajo a otra, sobre una cinta transportadora, sin que los obreros tengan que desplazarse. De esta manera, Ford consigue cuadriplicar la productividad.

- Para atajar la marcha de los obreros, provocada por la monotonía del trabajo en la cadena, Henry Ford decide, en 1914, duplicar su salario. En un principio, pretende eliminar las preocupaciones financieras de sus trabajadores, de forma que puedan ser más productivos en la fábrica. Pero, con el tiempo, esta iniciativa tiene un efecto más relevante: Ford contribuye al surgimiento de una nueva clase social y abre las puertas a la era del consumo masivo.

PARA IR MÁS ALLÁ

FUENTES BIBLIOGRÁFICAS

* Bellu, Serge. 1998. *Histoire mondiale de l'automobile.* París: Flammarion.
* Eckermann, Erik. 2001. *World History of the Automobile.* Warrendale: SAE International.
* Ford, Henry y Samuel Crowther. 1922. *My Life and Work.* Nueva York: Garden City Publishing Company.
* Henry Ford, "Henry Ford". Consultado el 24 de enero de 2017. http://www.henryford.fr/
* Histoire du monde, "Henry Ford". Consultado el 24 de enero de 2017. http://www.histoiredumonde.net/Henry-Ford.html
* History, "Henry Ford". Consultado el 24 de enero de 2017. http://www.history.com/topics/henry-ford
* Lacey, Robert. 1987. *Ford. Des hommes et des machines.* Montreal: Libre expression.
* Lacey, Robert. 1987. *Ford. La fabuleuse histoire d'une dynastie.* París: Presses de la Cité.
* Olson, Sidney. 1963. *Young Henry Ford: A Picture History of The First Forty Years.* Detroit: Wayne State University Press.
* Sorensen, Charles E. y Samuel T. Williamson. 1956. *My Forty Years With Ford.* New York: Norton.
* The Henry Ford Heritage Association. Consultado el 24 de enero de 2017. http://hfha.org/
* Watts, Steven. 2005. *The People's Tycoon: Henry Ford and The American Century.* Nueva York: A. A. Knopf.

FUENTES ICONOGRÁFICAS

- El *fardier* de Cugnot, dibujo de Louis Figuier. La imagen reproducida está libre de derechos.
- Coche de Karl Benz de 1886. La imagen reproducida está libre de derechos.
- Ford en su primer coche, foto tomada en 1896. La imagen reproducida está libre de derechos.
- Foto del modelo 999, con Barney Oldfield al volante y Henry Ford a su lado, 1902. La imagen reproducida está libre de derechos.
- Foto de la primera línea de ensamblaje Ford, 1913. La imagen reproducida está libre de derechos.
- Ford A de 1903. La imagen reproducida está libre de derechos.
- Foto de una pareja en un Ford N, tomada en 1906 por William Creswell. La imagen reproducida está libre de derechos.
- Henry Ford posa junto al Ford T, 1921. La imagen reproducida está libre de derechos.
- Obreros trabajando en la primera línea de ensamblaje en movimiento de Ford en 1913. La imagen reproducida está libre de derechos.

PELÍCULAS Y DOCUMENTALES

- *Tiempos modernos*. Dirigida por Charlie Chaplin, con Charlie Chaplin, Paulette Goddard y Henry Bergman. Estados Unidos: 1936.
- *La Route américaine: l'automobile dans la vie américaine*. Dirigido por George Stoney. Francia: 1954.

- *American Experience.* "Henry Ford". Temporada 24, episodio 12. Dirigido por Sarah Colt. Sarah Colt Productions, WGBH, 29 de enero de 2013.